„Was mich betrifft,
so werd ich jedenfalls,
nachdem ich ein- oder
zwei- oder drei- oder
hundertmal gestorben
bin ein

Spatz"

Wilhelm Busch

Ulmer Stadt Spatzen

...eine liebenswerte Gesellschaft

c. katharina thorenz
hans-joachim homa

„Gestatten, mein Name ist...

Passer Hulma,

also Ulmer Spatz aber Sie dürfen gerne Sperling zu mir sagen oder noch besser ganz einfach Spatz!"

Als Vogel, der unsere Nähe sucht, gaben wir ihm, oft abhängig von Verhalten und Gewohnheiten und natürlich je nach Landstrich und dortigem Dialekt unterschiedliche Namen. Korndieb oder Lüntje (Lärmender), Schmutzfink, Rohrspatz oder Dreckspatz. Am geläufigsten ist Sperling oder Spatz, was sich wohl aus dem indogermanischen „spar", also zappeln ableitet. Was dann auch durch sein quirliges Verhalten und Herumhüpfen auf zwei Beinen bei der Futtersuche und dem Baden in Wasser und Staub, aber auch bei seiner lebhaften Balz, bestätigt wird.

Er scheut sich nicht seine kugeligen Nester in Nischen und Winkeln unserer Häuser zu bauen und auch unter unseren Dächern ist er zu hause. So kam es auch zu dem Namen Hausspatz und beschäftigt sich die Wissenschaft mit ihm heißt er Passer Domesticus, was ihm eine gewisse Wichtigkeit verleiht.

May I introduce myself. My name is Passer Hulma or Ulmer Spatz; but feel free to call me sparrow or even just bird!"

As a bird which seeks proximity to human habitats, we have given him different names, often depending on behaviour and habits, and of course depending on the locality and its dialect. Grain thief, mudlark, reed bunting or dirty birdie. However, sparrow is the most common word, deriving from the Indo-Germanic „spar" which means to fidget. Which is also confirmed by his lively behaviour, hopping about on two legs. is home is in our homes and also under our roofs. So he received the name House Sparrow and scientists know him as the Passer Domesticus – which lends him a certain importance.

He came to Ulm from Africa about 10,000 years ago, and still lives here today. In some parts of Ulm he still find historic buildings and adjacent green spaces, as well as running water, which he needs for a comfortable life.

But it is also maybe due to the honour paid to the sparrow here: when you look more closely you will discover monuments to him throughhout the whole city. You'll find his relatives hroughhout nearly the whole world and his distant unts, uncles and cousins are sure in your neighbourhood too.

So when you see him, consider yourself heartly greeted by our "Ulmer Spatz"

Außerdem finden die klugen kleinen Vögel in unserer Nachbarschaft oft einen gedeckten Tisch und Menschen, die es gut mit ihm meinen, helfen mit Futter über die kalte Jahreszeit hinweg.

Die Vorfahren der Sperlinge lebten ursprünglich, wie wir, in Afrika und sie folgten uns auf langen Wanderungen, bis sie vor etwa 10.000 Jahren auch nach Ulm kamen. Ja, und hier leben sie immer noch.
Das liegt sicher daran, dass die Stadt noch einige Viertel mit alter Bausubstanz und angrenzenden Grünflächen sowie Wasserläufe zu bieten hat, die dieSpatzen für ein komfortables Leben benötigen.

Es liegt aber wohl auch an der Ehre, die man dem Spatzen hier erweist und wenn Sie genau hinsehen, entdecken Sie im gesamten Stadtgebiet Denkmäler, die man der Spezies „Ulmer Spatz“ gesetzt hat.

Seine Verwandtschaft findet man fast auf der ganzen Welt und sicher leben auch in Ihrer Nachbarschaft entfernte Tanten, Onkel, Cousins und Cousinen von ihm.

Also wenn Sie sie sehen, grüßen Sie herzlich von unseren „Ulmer Spatzen“.

Eine Stadt und ihre Spatzen

Eine Stadt und ihre Spatzen!

Das könnte nun fast jede Stadt auf dieser Erde sein, denn das Verbreitungsgebiet des Haussperlings zieht sich rund um den Globus. Nun verbindet die Stadt Ulm aber Besonderes mit dem Spatzen, was sicher auf die vielen Geschichten und Anekdoten zurückzuführen ist, die sich mit dem Spatzen, der Stadt und ihren Bürgern beschäftigen, und sicher verbirgt sich hinter diesen so manch wahre Begebenheit oder versteckte Wahrheit.

Ein Glück für die Ulmer, - sie würden wohl sonst „nicht gut da steh'n" - dass der Teufel seine Hand im Spiel hatte, als er die Handwerker des Ulmer-Münsters so verwirrte , dass sie versuchten die langen Balken für

A city and its sparrows!

Ulm has an especially close connection with the sparrow, which is sure to be rooted in the many stories and anecdotes concerning the sparrow, the city and its citizens, which conceal many a hidden truth. Luckily so for the citizens of Ulm, when the Devil confused the craftsmen working on the Ulm Minster so much that they tried to transport the long beams for the roof of the church through the city gates sideways. The story tells of the sparrow which displayed intelligence and helped the citizens of Ulm break the Devil's spell. He showed with a long blade of grass – which he held lengthways to fly into his nest hole – how to get long building materials through narro openings. The story also proves that there is more inside a "birdbrain" than you might think.

den Dachstuhl des Kirchenbaues quer durch das Stadttor zu transportieren. Die Geschichte erzählt von einem Spatzen, der Intelligenz bewies und den Ulmern half, den Bann des Teufels zu brechen. Daher wird der kleine Vogel heute noch geschätzt und die Ulmer lieben ihn dafür.
Die Geschichte ist aber auch ein Beweis dafür, dass in einem „Spatzenhirn" mehr steckt als man vermutet.

Es wird aber auch von angeblichen Spatzeninvasionen berichtet und die Bürger mussten um den Inhalt ihrer Kornspeicher bangen. Die Vögel nutzten jede kleine Öffnung, um in die Speicher einzudringen und so an die begehrten Körner zu gelangen. Eine so große Schar an Sperlingen hatte man noch nicht erlebt und die Plage war so groß, dass der Spatz zum Abschuss freigegeben wurde, was zum Glück aber nicht zu einem Aussterben der Population führte. Nun schoss man nicht gleich mit Kanonen auf Spatzen, traf aber mit Gewehren auch entsprechend schlecht, was den Vögeln zu Gute kam und den Jägern den Spitznamen „Spatzenschützen" eintrug, mit dem man von da an auch die Soldaten der Ulmer Truppen neckte.
Auch ärgerte man Teilnehmer eines mittelalterlichen Turniers, die aus Ulm kamen - es soll in Reutlingen gewesen sein - damit, dass der

Reichsadler, der auf allen Fahnen und Wimpeln der Ulmer Delegation abgebildet war -man war ja schließlich Reichsstadt- eher wie ein Spatz aussehe und nannte die Ulmer von da an „Ulmer Spatzen".

Ganz gleich wo der Name „Ulmer Spatz" auch seinen Ursprung hat, als inoffizielles Wappentier ist der possierliche kleine Vogel überall anzutreffen, mal verniedlicht in Ton oder Keramik, manchmal auch aus Schokolade oder Gebäck, selbst als modernes Kunstwerk oder auf dem hinteren Münsterplatz als Kletter- und Spielmöglichkeit für Kinder. Keiner kommt am Spatzen vorbei.

But there are also alleged reports of sparrow invasions, where the citizens feared for the contents of their grain stores. The birds used every tiny opening to get into the grain store. It became permitted to shoot sparrows. Although they didn't reach for their cannons straightaway to shoot at the sparrows, rifles were also not up to the job and the hunters received the nickname "sparrow shooters" which was also used to tease the Ulm soldiers. In tournaments in the Middle Ages, participants from Ulm were also teased that the Imperial Eagle on their banners looked more like a sparrow; from then on they were called "Ulm sparrows".

vom
‚Saumarkt'
bis zum
Schwarzen Meer

Stadt Ulm

Ein besonderes Vergnügen auf der Donau am Nationalfeiertag, dem Schwörmontag, ist das Nabade. Auch hieg geht es nicht ohne den Schlachtruf mit dem Spatzen.

„Ulmer Spatza,
Wasserratza - hoi, hoi, hoi!“

2

Der Spatz hat Tradition und darf somit bei den Ulmer Festlichkeiten nicht fehlen. So läuft ein als Spatz verkleideter Ulmer bei Umzügen mit durch die Stadt oder ist kampfeslustiger Teilnehmer beim weit über die Stadt hinaus bekannten Fischerstechen.

The sparrow is traditional in Ulm and should always be present at the city's festivities. So a citizen of Ulm dresses up as a sparrow and parades through the city at carnival time or is a feisty participant in the famous fishermen's jousting tournament, the "Fischerstechen".

Der Ulmer Spatz, sein Name verbindet sich oft mit Kultur, Sport und mitbürgerlichen Engagement

Früh übt sich der 'kleine' Spatzenchor während die Großen schon auf Tournee sind.

ulmer spatzen chor
ulmer spatzen chor

Nicht nur, dass in einem Kinderlied ein Sperling während des Essens aus Versehen im Teller landet, auch die berühmten „Spätzle“ sind als Teigware ein beliebtes Mittag- oder Abendessen und bei Jung und Alt gleichermaßen begehrt und auf den Tellern zu finden.

Achtet man etwas genauer auf ihr Verhalten könnte man glauben, ein gerade auf dem Tisch gelandeter Spatz möchte erst mal einen Blick in die Speisekarte werfen.
Da kommt auch oft die Kamera zum Einsatz und viele nehmen ein Foto von einem echten Ulmer Spatzen mit nach Hause.

It is not just in a children's song that a sparrow accidentally lands on the plate during the meal: the famous "Spätzle" (little sparrows) made from dough are a popular lunchtime or evening dish for young and old alike.

The appetising smell from restaurant kitchens invites many Ulm citizens and numerous visitors to the city into the beer gardens and onto restaurant terraces, where they can eat and drink to their hearts content. Usually the trusty sparrow gets a bit too. They come onto the table and take their crumbs – sometimes even from the hand.

Café
Ulmer Münz

This is often a photo opportunity and many take a picture of a real "Ulm sparrow" home with them. If you look more closely at their behaviour you might think that, having just landed on the table, the sparrow would first liketo take a look at the menu. Once the people stands up to move on, the not cleared away crockery is inspected for leftovers.

In 2001, there was another invasion of sparrows. 255 enormous plastic sparrows were decorated by artists, Ulm citizens young and old, and local companies and were displayed throughout the city.
How connected the citizens of Ulm are with their sparrows can be demonstrated by many more examples - but it is more important that the species itself can still be found in numerous nooks and crannies in Ulm. In the older parts of town, the sparrow still gaps in walls, overhanging eaves and creepers on building facades where he can build a nest, and plenty of bushes, hedges and shrubbery where he can meet his friends and sleep.

W 191 „Hotel-Spatz"

W 192 „Coco"

M 193 „Ikarus"

W 202 „Spektralfarben 4"

W 203 „Martin-Luther"

M 204 „Siegmund"

W 213 „Blue Star"

W 214 „Objekt-Spatz"

M 215 „Spatzenkönig"

W 224 „Klatsch-Spatz"

W 225 „Flower Power"

M 226 „Theater-Spatz"

2001 kam es erneut zu einer Spatzeninvasion. 255 große Kunststoff-Spatzen wurden von Künstlern sowie großen und kleinen Bürgern und ansässigen Unternehmen Ulms gestaltet und über das Stadtgebiet verteilt aufgestellt.

Eine wunderbare Idee, denn später versteigert, aber an vielen Plätzen immer noch anzutreffen, konnte mit dem Erlös der „Kunst-Spatzen" die Münsterbauhütte unterstützt werden.

Motiviert durch die gemütliche Atmosphäre und und so manch appetitanregenden Duft aus den Wirtshausküchen, sitzen im Sommer sowohl viele Ulmer selbst, als auch zahlreiche Besucher der Stadt in den Biergärten und auf den Terrassen der Gasthäuser und lassen es sich bei Essen und Trinken gut gehen. Und meist bekommen die zutraulichen Spatzen auch etwas ab. Unerschrocken kommen sie bis auf den Tisch und nehmen ihre Krumen auch schon mal aus der Hand eines Gastes.
Die alten Fachwerkhäuser des Fischer- und Gerberviertels haben eine lange Tradition und könnten uns erzählen, wieviele Spatzengeneratonen hier schon zuhause waren.

Wie verbunden die Ulmer mit ihren Spatzen sind, ließe sich an vielen Beispielen verdeutlichen, wichtiger ist, dass in Ulm die Spezies selbst noch in zahlreichen Ecken und Winkeln zu finden ist. Vor allem in den älteren Stadtquartieren sind Spatzenkolonien anzutreffen.

At the former horse watering station on the River Blau, the sparrows indulge in one of their great passions – this is their bath tub. They pursue this pleasure with joy and delight – and no one can accuse them of being "mudlarks".

Once finished, they give themselves a hearty shake and if it's hot they will sit on the bank still wet, enjoying the day and appearing to daydream; after all, they will dry without any effort. Then they take care of their feathers, including a dust or sand bath.

Durch dieses historische Quartier Ulms fließt ein kleines Gewässer mit dem Namen „Blau". Auch wenn sich in ihr, wie ja auch in der Donau, gerne der blaue Himmel spiegelt, hat der Name einen anderen Ursprung. Der kleine Fluss entspringt dem berühmten „Blautopf" in Blaubeuren und hat daher seinen Namen.

An den ehemaligen Pferdetränken frönen die Sperlinge einer großen Leidenschaft, denn die Blau ist die Badewanne der im Fischerviertel lebenden Spatzen und wenn sie sehen mit wie viel Freude und Genuss sie diesem Vergnügen nachgehen, merken Sie, dass hier von **„Dreckspatzen"** keine Rede sein kann.

Nach dem ausgiebigen Bad wird sich kräftig geschüttelt oder, wenn es sehr heiß ist, setzen sie sich nass wie sie sind ans Ufer oder auf einen Zweig, genießen den Tag und scheinen vor sich hin zu träumen - trocken wird man ja von alleine.

Oder sie widmen sich im Anschluss gemeinsam der Gefiederpflege, verbunden mit einem Staub- oder Sandbad, auf einem nicht befestigten Weg oder einer kleinen Brachflächen, gerne auch im Rosenbeet oder auf feinem Kies und wenn gar nichts anderes zu finden ist, auch im Blumenkasten am Fenster oder auf dem Balkon

Once finished, they give themselves a hearty shake and if it's hot they will sit on the bank still wet, enjoying the day and appearing to daydream; after all, they will dry without any effort. Then they take care of their feathers, including a dust or sand bath.

Nun muss der Ulmer Spatz auch für Nachwuchs sorgen, denn stellen Sie sich vor, er würde Ihnen bei einem Rundgang durch die Stadt nicht mehr im Original begegnen.
Um eine Angebetete zu finden muss der Spatzenkavalier eine Wohnung vorweisen. Also sucht er einen entsprechenden Platz, den er in den Winkeln, Ecken und Nischen der alten Häuser findet, baut sein Nest und setzt sich davor. Mit lauten, oft stundenlangen Balzrufen macht er die Damen auf sich aufmerksam.
Ist ihm dies gelungen, besichtigt die Spätzin den Nistplatz und wenn Sie das Nest als Zuhause für ihre zukünftigen Kinder geeignet hält, wird Hochzeit gefeiert. Was natürlich nicht ohne Folgen bleibt und nach 10-15 Tagen schlüpfen die kleinenSpatzen.

Now it is time for the Ulm sparrow to produce some young: just imagine if you wouldn't meet the original version on a city tour.

To find a partner, the sparrow sits in front of its nest, making its courtship call loudly to attract the ladies' attention, often for hours at a time.
If the lady sparrow likes the look of the nest, they formalise the arrangement. Which is of course not without its consequences. In the middle of April the first little sparrows hatch from their eggs.

Seinen Nachwuchs füttern die Spatzeltern in den ersten drei Wochen mit Insekten und das von früh morgens bis zum Sonnenuntergang. Einen Großteil jagen sie mit kunstvollen Flugdarbietungen über der Wasseroberfläche von Donau und Blau. Sieht man diese kleinen Akrobaten könnte man glauben der Spatz sei Vorbild für den "Schneider von Ulm" gewesen und habe ihn zum Bau seiner Flugmaschine inspiriert.

Fliegen wie ein Spatz

They catch insects for their children with artistic swoops over the waters of the Danube and the Blau. If you watch them, you might think the sparrows could have been an inspiration for the "Tailor of Ulm", leading him to build his flying machine. The inventive tailor tried to cross the Danube with his flying machine in 1811: unsuccessfully because there were no thermals over the cold river.

"D'r Schneider von Ulm hat's Fliega probiert.
No hot'n d'r Deifel en d'Donau nei g'fürt."

Der erfinderische Schneider Albrecht Berblinger versuchte 1811 mit seinem Flugapparat über die Donau zu gelangen. Dass dies misslang, muss nach heutigen Überlegungen mehr an seinem Lampenfieber wegen der Gegenwart des Königs, sowie einer fehlenden Thermik über dem kalten Fluss gelegen haben. Mit einer, dem berblinger'schen Fluggerät nachempfundenen Konstruktion, bewies man 1986 dessen Flugfähigkeit.

Die Kinderzeit geht schnell vorbei und im Alter von 14 - 16 Tagen sind die Kleinen flügge. Alle Jungspatzen verlassen innerhalb weniger Stunden das Nest mit mehr oder weniger gutem Flugkönnen. Da dies in allen Spatzenfamilien fast zeitgleich geschieht, könnte die Anzahl der Jungvögel darüber hinweg täuschen, dass die Populationen in fast allen Städten rückläufig sind.

Meist sorgt nun der Vater weiterhin für Nahrung, die aber langsam auf Vegetarisches umgestellt wird. Auch sucht die kleine Schar unter Anleitung inzwischen schon mal selbst nach Fressbarem. Mutter Spatz sitzt dann auf dem nächsten Gelege und für das Spatzenpaar beginnt das Ganze von vorn, Je nach Wetterlage gibt es bis zu vier Bruten im Jahr.

After around 14 days, the baby sparrows are fully fledged and leave the nest. Since this happens almost at the same time in every sparrow family, the number of young birds you see is misleading, because the population is decreasing in nearly all cities. Usually it is now the father who continues to provide the food and teaches his little flock to look for sustenance themselves. Mummy sparrow is already sitting on the next brood and the whole process starts again from the beginning for Mr and Mrs Sparrow.

Unabhängig geworden von den Eltern, tun sie sich die Jungvögeln aus der Umgebung zu- zusammen, trainieren ihre Selbstständigkeit und erkunden ihr Quartier. Ausgelassen flitzen sie um die Ecken, Tschilpen, anfangs mit mehr oder weniger Erfolg und sind – um den nächsten Winter zu überstehen – um Essbares bemüht.

Beobachtet man Spatzen genauer zeigen sie, obwohl sie uns als Alltagsvogel so bekannt erscheinen, Verhaltens- und Lebensweisen, die uns immer wieder erstaunen und sind ein liebenswertes Verbindungsglied zwischen Mensch und Natur.

The young birds from the area come together, training their independence and getting to know their neighbourhood. Boisterously they flit around corners, practice chirping and (to make sure they survive the next winter look for food.

If we observe sparrows more closely - although as an everyday bird they ap- pear so familiar - they still demonstrate behaviour and ways of living which continue to amaze us and are an ender-ring. connection between Man and Mother Nature

Alle Spatzen sind grau oder braun? Wer sie genauer beobachtet entdeckt viele individuelle Unterschiede: Männchen oder Weibchen, Baby -oder Jungspatz, viele besitzen eine eigenständige Färbung des Gefieders. Ihre vielfältige Schönheit lässt sich aber erahnen, wenn man diese Bilder genauer betrachtet.

Natürlich verändern sie sich im Laufe der Jahreszeiten und innerhalb ihrer Lebenszeit. Sie wechseln das Federkleid in der Mauser und die Männchen verändern ihr äußeres Erscheinungsbild auf eindrucksvolle Art und Weise , wenn es um die Zeit des Werbens um ein Weibchen. geht.

Wie der Spatz den Ulmern beim Bau des Münsters half.

Jedem der heute den prächtigen Turm des Ulmer Münsters sieht oder gar bestiegen hat und die Geschichte des Ulmer Spatzen hört, ist eigentlich klar, dass der Teufel „seine Hand im Spiel" hatte. Dieser wollte nämlich den Bau eines so hohen Kirchturmes zu Ehren Gottes verhindern und es fiel ihm nichts Besseres ein, als die Ulmer sowie die Baumeister und Handwerker des Münsters so zu verwirren, dass nichts mehr voran ging auf der Baustelle.

Nun gab es in der Nähe eine Spatzenkolonie, die nur darauf wartete, dass Ruhe am Münster einkehre und die Bauarbeiten abgeschlossen würden, denn die vielen Nischen und Winkel des Gebäudes waren ideal, um dort ein Nest zu bauen. Die Sperlinge beobachteten aufmerksam das Geschehen, was eigentlich nur darin bestand, dass die meisten Arbeiter gelangweilt umherstanden und nicht wussten, wie es weiter gehen sollte, denn ihnen fehlte es an Balken und Stangen, um erst das Gerüst und dann den Turm weiter in die Höhe zu bauen. r hin und her. Die kleinen Vögel zogen daraus die logische Folgerung, dass es wohl dort ein Problem geben musste.

Nur einige liefen aufgeregt zwischen Münster und Stadttor Kundschafter wurden also gewählt, die zum Tor flogen und schauten was los war. Hätten Spatzen eine Mimik, wäre ihr breites Grinsen über die dortigen Vorgänge nicht verborgen geblieben, denn sie sahen, dass die Ulmer, die das Bauholz herbeischaffen sollten, versuchten, die langen Hölzer quer durch das Stadttor zu transportieren. Was die Vögel von ihrer hohen Warte aber auch sahen war der Teufel, der versteckt um die Ecke schaute und sich darüber freute was seine Verwirrung angerichtet hatte.

Um so erstaunter waren sie als sie sahen, wie der kleine Spatz den langen Halm längs in eine schmale Nische der Stadtmauer einbrachte und sie erkannten, dass dies auch die Lösung ihres Problems war. Der teuflische Bann war gebrochen, das Holz wurde längs durch das Tor gebracht und die Bauarbeiten konnten weitergehen.

Zum Angedenken an diese Geschichte und natürlich aus Dankbarkeit finden wir heute noch einen Spatzen auf dem Dach des Ulmer Münsters.

Die Spatzen überlegten, wie sie den Menschen helfen könnten. Sie waren ihnen dankbar, da in ihrer Nähe immer etwas Essbares zu finden war. So fanden sie eine Möglichkeit, dem Teufel das Handwerk zu legen. Einer der Spatzen flog vor die Tore der Stadt und suchte sich einen langen Halm, der sich für seinen Nestbau eignete. Nach Spatzenart fasste er ihn an einem Ende und flog damit tief über die Köpfe der Baumeister, um deren Aufmerksamkeit zu erregen, was ihm auch gelang. Alle Augen verfolgten den Störenfried, der bei den Überlegungen eventuell das Stadttor einzureißen um weiter zu kommen, hinderlich war.

Ein Plädoyer für die Spatzen

Das Miteinander mit dem Ulmer Spatzen bezieht sich, wie man sieht, auf liebenswerte Geschichten. und Traditionen, die sich herausgebildet haben und nun fest in der Bevölkerung verankert sind.

Wer sich Zeit nimmt, das lebendige Spatzenvölkchen zu beobachten, wird ein entspannendes, heiteres Erleben nach Hause tragen. Auch nach Willhelm Busch immer noch eine faszinierende Erfahrung, die uns wahrnehmen lässt, wie vielfältig und interessant die kleine Welt vor unserer Haustür ist.

Die hier abgebildeten Fotografien geben Einsichten und Augenblicke wieder, die man nur mit Geduld und durch das Beobachten über einen langen Zeitraum hinweg bekommen kann. Manchmal gelang sogar ein portraithafter Blick, der Reaktionen festhielt, die man ohne das Auge der Kamera kaum wahrnehmen würde. Alles in allem, eine kleine Homage an die Spatzen, denen wir schließlich ‚nicht nur den Bau des Ulmer Münsters zu verdanken' haben. Erinnert sei auch an eine Vielzahl nützlicher Dienste, die wir Ihnenzu verdanken haben. Zum Beispiel erjagt und verfüttert ein Spatzenpaar ca. 2,4 Millionen Insekten an seine Nachkommen. Dabei befreien sie Blätter und Bäume von allerlei Schädlingen, damit diese atmen und Früchte tragen können.

Allein für diese grandiose Dienstleistung verdienen sie allen Respekt und unsere ganze Aufmerksamkeit, die ihnen einen ausreichenden Lebensraum in unseren Städten ermöglicht.
Im historischen Fischerviertel Ulms, wo diese Aufnahmen im Wesentlichen entstanden, sind die Gegebenheiten für unsere Spatzen noch recht gut. In vielen Städten stehen sie dagegen fastschon auf der ‚roten Liste'. Nur wenn sie in einem Quartier genügend Nistmöglichkeiten, Sträucher, Wasserstellen und offene Flächen vorfinden , besteht die Chance, dass die jahrtausendlange Nachbarschaft von Spatz und Mensch erhalten bleibt. Nicht zuletzt profitiert der Mensch selbst von Grün und Natur in der Stadt. ‚Geht es den Spatzen gut, geht es auch den Menschen, gut!'.

Impressum

idee & text
c.katharina thorenz

fotografien
hans-joachim homa
c.katharina thorenz

1. abb. s. 34 ralf milde

gestaltung & layout
hans-joachim homa

druck
Süddeutsche Verlagsgesellschaft mbH
ulm

ISBN 978-3-9814804-8-1